ZITATE UND SPRÜCHE

Starke Worte berühmter Menschen

Johanna Sameit

ZITATE UND SPRÜCHE
Starke Worte berühmter Menschen

Bibliographische Information Der Deutschen Bibliothek:
Die Deutsche Bibliothek verzeichnet diese Publikation in
der Deutschen Nationalbibliographie:
detaillierte bibliographische Daten sind im Internet über
http://dnb.ddb.de *abrufbar.*

August 2014

Copyright ©
2014 Johanna Mahmutovic - alle Rechte vorbehalten.

Herstellung und Verlag:
BoD – Books on Demand, Norderstedt

Umschlag- und Buchgestaltung:
Johanna Mahmutovic/Sameit

ISBN: 978-3-7357-7967-0

Inhaltsverzeichnis

Einführung	7
Marc Aurel	8 - 12
Blaise Pascal	13 - 15
Lucius Seneca	16 - 25
Sprüche aus Arabien	25 - 27
Sprüche aus China unbek .Autoren	27 - 32
Lao-tse	33 - 35
Konfuzius	36 - 39
Sakya Pandit / Chuang Zhu	40
LüBüWe	41 - 42
Johann Gottlieb Fichte	42
Friedrich Schiller	43 - 45
Thomas von Kempen	45 - 47
Thomas von Aquin	48 - 49
Marquis de Vauvenargues	49 - 52
Marcel Proust	52 - 53
Franz von Assisi	54
Voltaire	54 - 55
Jules Verne / Perikles	56
Jean Paul	56 - 57
Friedrich Nietzsche	57 - 58
Basil Zaharoff / Pythagoras	58
Johann Pestalozzi	59 - 60
Stefan Zweig	60 - 61
Otto von Bismarck	61 - 62
Kurt Tucholsky	62
Unbekannte Autoren	63
Aristoteles	64 - 66
Platon	67 - 68
William McDougal	69 - 70
Dostojewski	71 - 73
Wladimir Korolenko	74
Leo Tolstoi	74 - 75

Maxim Gorki	75 - 77
Anton Tschechow	77 - 79
Emile Zola	80 - 81
Wilhelm Heinse	81 - 82
Georg Christoph Lichtenberg	84 - 85
Fernando Pessoa	86 - 89
Hölderlin	89 - 90
Nikolay Gogol	90 - 92
Oskar Wilde	92 - 93
Sigmund Freud	94
Diverse	95
Anhang	96 - 100

„In jedes Menschen Gesichte steht seine Geschichte, sein Hassen und Lieben deutlich geschrieben. Sein innerstes Wesen, es tritt hier ans Licht, doch nicht jeder kann's lesen, verstehen jeder nicht.
(Friedrich von Bodenstedt)

Ein Philosoph sagte: „Sprichwörter sind Philosophie der einfachen Leute". Das mag schon so sein. Aber es können ja nicht nur Philosophen die Welt bevölkern und es hat nicht jedermann Zeit und Muße, sich ständig mit umfangreichen philosophischen Werken zu befassen oder eventuell sogar selbst welche zu schreiben.
Der Mensch kann zwar alles, was er will, aber es ist auch gut und ratsam, wenn er nur das können will, was er können muss, um im täglichen Lebenskampf zu bestehen und mit Freude seine Aufgabe und Pflicht zu erfüllen.

Als Lebenshilfe hierfür gibt es Zitate, kluge Worte von weisen Menschen, die für mich seit vielen Jahren wie „Perlen im Heuhaufen" sind, mich aufheitern oder zum Nachdenken anregen.

Hier findet der Leser meine Sammlung – gelesen und für gut befunden.

Marc Aurel
(römischer Kaiser und Philosoph 121 – 180)

* Nicht den Tod sollte man fürchten,
sondern dass man nie beginnen wird, zu leben.

* Liebe das, was dir widerfährt und zugemessen
ist; denn was könnte angemessener sein.

* Schändlich ist es, wenn deine Seele müde ist,
bevor dein Leib müde ist.

* Denke daran, dass das, was dich an
unsichtbaren Fäden hin- und herzieht,
in deinem Inneren verborgen ist.

* Verzweiflung befällt zwangsläufig die,
deren Seele aus dem Gleichgewicht ist.

* Der Außenwelt zu zürnen wäre töricht,
sie kümmert sich nicht darum.

* Die Kunst des Lebens besteht mehr im Ringen
als im Tanzen.

* Blick in dein Inneres. Da ist die Quelle des
Guten, die niemals aufhört zu sprudeln,
wenn du nicht aufhörst zu graben.

* Ein unerschütterliches Herz den Dingen gegenüber, die von außen kommen; ein rechtschaffenes Herz in denen, die von dir abhängen.

* Die Seele hat die Farbe deiner Gedanken.

* Diejenigen, die nicht mit Aufmerksamkeit den Bewegungen ihrer eigenen Seele folgen, geraten notwendig ins Unglück.

* Mache dich von deinen Vorurteilen los und du bist gerettet.

* Unser Leben ist das, wozu unser Denken es macht.

* Was immer dir widerfahren mag, seit ewig war es dir bestimmt.

* Oft tut auch der Unrecht, der nichts tut. Wer das Unrecht nicht verbietet, wenn er kann, der befiehlt es.

* Es ist so leicht, unwillkommene und unliebsame Gedanken zurückzuweisen, und schon hat man seine Ruhe wieder.

* Unerschütterliche Ruhe gegenüber denjenigen Ereignissen, die eine äußere Ursache haben.

* Verlust ist nichts anderes als Verwandlung.

* Das meiste von dem, was wir sagen und tun, ist nicht notwendig, und wenn man es weg lässt, wird man mit schönerer Mußezeit und geringerer Unruhe leben.

* Wünsche nie etwas, das der Wände und Vorhänge bedurfte.

* Blick oft zu den Sternen empor – als wandelst du mit ihnen. Solche Gedanken reinigen die Seele von dem Schmutz des Erdenlebens.

* Erinnere dich, dass alles nur Meinung ist und dass es in deiner Macht steht, zu meinen, was du willst.

* Sokrates nannte auch die Meinung der Masse Gespenster, womit man die Kinder erschreckt.

* Nur ein Narr sucht im Winter nach Feigen. So handelt der Mann, der sein Kind vermisst, wenn es ihm nicht mehr gelassen ist.

* Es ist sinnlos, dem Schicksal zu grollen;
denn es nimmt keine Klage an.

* Betrachte einmal die Dinge von einer anderen
Seite, als du sie bisher sahst, denn das heißt,
ein neues Leben beginnen.

* Wie lächerlich und weltfremd ist der,
der sich über irgend etwas wundert,
was im Leben vorkommt.

* Wenn du besonders ärgerlich und wütend bist,
erinnere dich, dass das menschliche Leben
nur einen Augenblick währt.

* Denke lieber an das, was du hast, als an das,
was dir fehlt.

* Nichts begegnet einem, was er von Natur aus
nicht zu ertragen vermag.

* Lass die Einbildung schwinden, und es schwindet
die Klage, dass man dir Böses getan.

* Was du erhältst, nimm ohne Stolz an!
Was du verlierst, gib ohne Trauer auf!

* Wenn du deine Pflicht tust,
muss es dir gleichgültig sein,
ob dich die Menschen schmähen oder preisen.

* Übe dich auch in Dingen,
an denen du verzweifelst.

* Der Gütige ist frei, auch wenn er ein Sklave ist.
Der Böse ist ein Sklave, auch wenn er ein König ist.

* Beachte immer, das nichts so bleibt, wie es ist,
und denke daran, dass die Natur immer wieder
ihre Formen wechselt.

* Was für ein lächerlicher Fremdling auf Erden
ist der, der über irgendein Ereignis
in seinem Leben erstaunt.

* Glücklich sein heißt
einen guten Charakter haben.

Blaise Pascal
(frz. Philosoph, Mathematiker und Physiker, Begründer der Wahrscheinlichkeitsrechnung 1623 – 1662)

* Ein Tropfen Liebe ist mehr
als ein Ozean Verstand.

* Niemand spricht in unserer Gegenwart so, wie er in unserer Abwesenheit spricht. Die Eintracht der Menschen ist nur auf diesen Betrug gegründet.

* Die Vernunft beherrscht uns viel gebieterischer als ein Herr, denn wenn wir diesen nicht gehorchen, sind wir unglücklich, und wenn wir ihr nicht gehorchen, sind wir Dummköpfe.

* Die Mitte verlassen,
heißt die Menschlichkeit verlassen.

* Ich fragte ihn, ob das Pferd gesattelt sei,
und er antwortete mir,
dass der Frosch keinen Schwanz habe.

* Nicht was wir sehen, wohl aber wie wir sehen, bestimmt den Wert des Geschehens.

* Zwischen uns und der Hölle oder dem Himmel steht nur das Leben.

* Das Schweigen der Masse ist das Verbrechen,
für die sie büßen.
Das Schweigen ist die schwerste Verfehlung.
Niemals haben die Heiligen geschwiegen.

* Man muss sich selbst erkennen. Wenn das nicht
helfen sollte, das Wahre zu finden, so hilft es
wenigstens dabei, sein Leben einzurichten,
und es gibt nichts Richtigeres.

* Je mehr man Geist hat, desto mehr originelle
Menschen findet man.
Gewöhnliche Leute sehen keine Unterschiede.

* Zwei Dinge unterrichten den Menschen über
seine ganze Natur: Instinkt und Erfahrung.

* Die Tugend eines Menschen sollte nicht an
seinen besonderen Leistungen gemessen werden,
sondern an seinem alltäglichen Handeln.

* Die Menschen rufen niemals so viel Leid hervor,
als wenn sie aus Glaubensüberzeugung handeln.

* Wir erkennen die Wahrheit nicht nur mit dem
Verstand, sondern auch mit dem Herzen.

* Die besten Bücher sind die, von denen jeder meint, er hätte sie selbst schreiben können.

* Es gibt zwei gefährliche Abwege: die Vernunft schlechthin abzulegen und außer der Vernunft nichts anzuerkennen.

* Die Menschen aber, die ihren eigenen Weg zu gehen fähig sind, sind selten. Die große Zahl will nur in der Herde gehen, und sie weigert die Anerkennung denen, die ihre eigenen Wege gehen wollen.

* Man überzeugt im allgemeinen besser durch Gründe, die man selbst gefunden hat, als durch die, die anderen eingefallen sind.

* Wissen ist wie ein Baum: Je größer und verzweigter er ist, um so ausgeprägter ist sein Kontakt mit dem Unbekannten.

* Die niemals ihre Meinung zurücknehmen, lieben sie mehr als die Wahrheit.

* Alles Unglück des Menschen entstammt daher, dass sie unfähig sind, in Ruhe alleine in ihrem Zimmer bleiben zu können.

Lucius Seneca
(röm. Politiker, Philosoph und Schriftsteller –
4 v. Chr. – 65 n. Chr.)

* Wer sich zwischen den Sternen bewegt,
kann nur lächeln über die
kostbaren Fußböden der Reichen.

* Alle Grausamkeit entspringt der Schwäche.

* Wer ja sagt zu seinem Schicksal, den führt es
voran; dem Widerstrebenden aber schleift es mit.

* Fang jetzt an zu leben und zähle
jeden Tag als ein Leben für sich.

* Nicht wer wenig hat,
sondern wer viel wünscht, ist arm.

* Wer vor den Spiegel tritt, um sich zu ändern,
der hat sich schon geändert.

* Wo die Natur nicht will,
da ist die Arbeit umsonst.

* Aller Besitz ist vom Schicksal geborgt.

* Das höchste Gut,
ist die Harmonie der Seele mit sich selbst.

* Keiner kennt die Härte eines Kiesels besser,
als wer auf ihn einschlägt.

* Wie lange ich lebe, liegt nicht in meiner Macht;
dass ich aber, solange ich lebe, wirklich lebe,
das hängt von mir ab.

* Lebe so mit den Menschen, als sähe es Gott;
sprich so mit Gott, als hörten es die Menschen.

* Wer Weisheit sucht, ist ein Weiser, wer glaubt,
sie gefunden zu haben, ist ein Narr.

* Dummköpfe, die ihr seid, Überflüssigem
nachzujagen, am Leben vorbeizugehen, während
ihr die Mittel zu Leben aufzutreiben sucht.

* Was einem treffen kann, kann jeden treffen.

* Wer Großes versucht, ist bewundernswert,
auch wenn er fällt.

* Ich habe damit begonnen,
mir selbst ein Freund zu sein.
Damit ist schon viel gewonnen,
man kann dann nicht mehr einsam sein.
Wisse auch, dass ein solcher Mensch,
allen ein rechter Freund sein wird.

* Viel wirst Du geben, wenn du gar nichts anderes gibst, als nur dein Beispiel.

* Das stärkste Hindernis für unseren Aufstieg bildet die Tatsache, dass wir zu schnell mit uns zufrieden sind.

* Glaube nicht, dass jeder, der lacht, sich auch freut, wahre Freude ist eine ernste Sache.

* Es ist unser Irrtum, dass wir den Tod in der Zukunft erwarten. Er ist zum großen Teil schon vorüber. Was von unserem Leben hinter uns liegt, hat der Tod.

* Lasst uns sagen, was wir empfinden, und empfinden, was wir sagen. Lasst die Rede mit dem Leben übereinstimmen.

* Wenn du geliebt werden willst, liebe.

* Fest und stark ist nur der Baum, der unablässig Winden ausgesetzt war, denn im Kampf festigen und verstärken sich die Wurzeln.

* Vollständige Sorglosigkeit und eine unerschütterliche Zuversicht sind das Wesentliche eines glücklichen Lebens.

* Es ist schändlich, etwas anderes zu sagen,
als man denkt.

* Mangelndes Vertrauen ist nichts als das
Ergebnis von Schwierigkeiten; Schwierigkeiten
haben ihren Ursprung in mangelndes Vertrauen.

* Alles Wirkliche hat sein Maß, was aber aus dem
Ungewissen kommt, ist ganz der Phantasie und
Willkür bangender Gemüter preisgegeben.

* Sei nie vor der Zeit unglücklich, weil das,
was dich ängstigt, als stünde es vor der Tür,
vielleicht niemals kommen wird,
jedenfalls aber noch nicht da ist.

* Du darfst nicht warten, bis das Schicksal zu dir
kommt, du musst es selbst gestalten.

* Ein edler Charakter, den das Schicksal
niederschmettert, ist noch im Staube groß.

* Niemand kann auf Dauer eine Maske tragen.
Hat sich einer nur verstellt, so bricht seine
wahre Natur schließlich doch durch.

* Warum soll denn ein Philosoph nicht vermögend sein, wenn er nur nicht der Sklave seines Geldes wird. Erzwungene Armut ist kein Verdienst, wohl aber zum allgemeinen Wohl genützter Reichtum. Der Geldsack braucht nicht durchlöchert zu sein, doch soll er sich leicht öffnen lassen.

* Es ist die größte Torheit, den Menschen nach seinem Gewand oder nach seinem Stande, der ihn wie ein Gewand umgibt, zu achten. Er ist ein Sklave? Vielleicht ist er im Herzen ein Freier. Er ist ein Sklave? Was schadet's? Zeig mir einen, der es nicht ist.

* Denn nur wer zu können glaubt, was er soll, kann alles, was er will.

* Nicht wer etwas geheißen tut, ist elend, sondern wer es widerwillig tut.

* Was ist der Tod? Ein Ende oder ein Übergang? Wir brauchen das Ende nicht zu fürchten, denn enden ist das gleiche, wie begonnen haben, und wir brauchen nicht den Übergang zu fürchten, denn nirgends werden wir in gleicher Enge leben.

* In Wahrheit ist uns nicht zuwenig Zeit gegeben, wir selber vergeuden zuviel davon. Wir sind nicht arm an Zeit, wir sind Verschwender.

* Du meinst vielleicht ich spreche von den Menschen, die ganz offenkundig unglücklich sind? Schau doch diejenigen an, deren Glück alle herbeilockt! Sie ersticken in ihrem Hab und Gut. Geh sie doch alle durch, vom kleinen Mann bis zum höchsten! Der eine wird als Sachverständiger zugezogen, der andere als Zeuge. Dieser klagt an, jener hat die Verteidigung übernommen, ein dritter ist der Richter. Keiner tritt für sich selbst ein, jeder reibt sich im Dienst des anderen auf... Du wirst sehen, sie alle unterscheiden sich nur in einem: der eine lebt für diesen, der andere für jenen, doch keiner für sich selbst.

* Sie werden sich über die menschliche Verblendung nicht genug wundern können.

* Alles fürchtet ihr, als wäret ihr nur sterblich, aber alles begehrt ihr, als wäret ihr unsterblich.

* Darum muss man sich vor nichts mehr hüten, als wie das Herdenvieh hinter den Vorhergehenden herzulaufen.

* Leider steht es um die Menschheit nicht so gut,
dass der Majorität das Bessere gefiele.
Der Beifall der Masse beweist gerade,
dass etwas sehr schlecht ist.

* Was man bewundert, wobei man stehen bleibt,
was einer staunend dem anderen zeigt,
das glänzt nur außen, inwendig sieht es elend aus.

* Alle zeitlichen Schwierigkeiten sind
naturgesetzlich bedingt.

* Nie soll die öffentliche Meinung,
immer nur mein eigenes Gewissen
die Richtschnur meines Handelns sein.

* Der Körper nämlich bedarf vieler Dinge, um
stark zu bleiben, der Charakter wächst aus
eigener Kraft, er nährt und formt sich selbst.

* Was dich gut machen kann, liegt in dir selbst.
Was aber brauchst du, um gut zu sein?
Allein Dein Wollen.

* Nicht wer zuwenig hat, ist arm,
sondern wer mehr begehrt.

* Es sollte darum keiner dem Glück vertrauen,
keiner im Unglück seinen Mut verlieren.
Jedes Schicksal ist dem Wandel unterworfen.

* Dem Guten kann gar nichts Böses widerfahren.
Gegensätze lassen sich nicht mischen.

* Kein Mensch scheint mir unglückseliger,
als einer, dem niemals ein Unglück widerfuhr.

* Wer in den Spuren eines anderen geht,
der findet nichts, er sucht ja nicht einmal.

* Die Wahrheit steht allen offen.
Sie ist noch von keinem in Beschlag genommen.

* Denn nur die Dinge sind schwierig zu erforschen,
bei denen der einzige Lohn für alle Mühe des
Suchens eben das Finden ist.

* Der Tod ist nicht die Quelle eines Unglücks,
er ist vielmehr das Ende vieler Übel.

* Was ist Weisheit?
Immer dasselbe wollen und nicht wollen.

* Manche schränken sich zu Hause ein, draußen dagegen machen sie sich breit und tun groß. Dieser Wechsel im Verhalten ist ein großer Fehler und das Zeichen eines wankelmütigen Charakters, der seinen Halt noch nicht gefunden hat.

* Es sei unser oberster Grundsatz, zu sprechen, wie wir denken, und zu denken, wie wir reden. Sprechen und Leben muss im Einklang stehen.

* Alles, was mein ist, trage ich bei mir.

* Meide die Vielzuvielen, meide den kleinsten Kreis, einer schon sei dir zuviel. Suche den Rückhalt in dir selbst.

* Sorge dafür, dass in deinem Inneren Harmonie herrscht und deine Entschlüsse sich nicht widersprechen.

* Kein Mensch ist glücklicher, nur weil sich sein riesiges Vermögen kaum buchmäßig erfassen lässt. Wie viel überflüssigen Besitz schleppen Menschen mit sich herum.

* Wir sind alle gleich, denn wir müssen alle das
Gleiche erdulden. Keiner ist gebrechlicher
als der andere, keiner ist seines morgigen
Tages sicherer als der andere.

* Er hat nicht im wahren Sinne des Wortes gelebt,
er hat sich nur auf Erden aufgehalten.
Er ist auch nicht zu spät gestorben,
sondern hat nur lange Zeit dazu gebraucht.

* Unser Leben ist nicht kurz, wir machen es kurz,
weil wir es mit unnützen und nebensächlichen
Dingen vergeuden – durch Zeitverschwendung.
Die Lebenszeit ist die knappste
aller knappen Ressourcen.

Sprüche aus Arabien
(unbekannte Autoren)

* Bleibst du jedes Mal stehen, wenn ein Hund
bellt, wirst du deine Reise nie beenden.

* Unser Leben ist wie eine Hand voll Schnee
in der Sommersonne.

* Frage lieber einen erfahren Mann um Rat
als einen Gelehrten.

* Als sie alleine war, ernährte sie sich von Brot und Linsen, dann heiratete sie und ernährte sich von Linsen und Brot.

* Das Kamel sieht seinen eigenen Höcker nicht, aber das seiner Brüder hat er immer vor Augen.

* Der gemeinste Mensch ist, wer keine Entschuldigung annimmt, keine Sünde deckt und keinen Fehler vergibt.

* Geld und Gewissen sind unvereinbar.

* Einmal stolpert auch ein edles Ross, und irrt sich jeder Gelehrte.

* Man hat viele Freunde, wenn man sie zählt, aber nur wenige, wenn man sie braucht.

* Wenn du vernimmst, dass ein Berg versetzt worden sei, so glaube es; wenn du aber vernimmst, dass ein Mensch seinen Charakter geändert hat, so glaube es nicht.

* Ärgere dich nicht darüber, dass der Rosenstrauch Dornen trägt, sondern freue dich darüber, dass der Dornenstrauch Rosen trägt.

* Wo immer Sonne scheint, ist Wüste.

* Ein goldener Sattel macht einen Esel
noch nicht zum Pferd.

* Wenn die Sorgen viel werden,
dann schlafe und lasse sie.

* Die Güter, welche Gott dir beschieden,
suchen dich und du sie.

* Was der Esel sagt, das glaubt er.

* Zwei werden nicht satt:
Wer Wissen und wer Reichtum sucht.

Sprüche aus China
(unbekannte Autoren)

* Erinnere dich, was früher war und du weißt,
was kommen wird.

* Als du auf die Welt kamst, weintest du, um dich herum freuten sich alle. Lebe so, dass, wenn du diese Welt verlässt, alle weinen und du lächelst.

* Jedes Ding hat drei Seiten:
eine, die du siehst, eine, die ich sehe
und eine, die wir beide nicht sehen.

* Der schlimmste Weg, den man wählen kann,
ist der, keinen zu wählen.

* Was du für den Gipfel hältst, ist nur eine Stufe.

* Wenn du die Kraft hast, einen Berg zu
versetzen, so brauchst du noch den Verstand,
der so groß und so ruhig ist, wie ein Ozean.

* Du bist heute das, was du gestern gedacht hast.

* Wasser in der Ferne kann
kein Feuer in der Nähe löschen.

* Achte auf deine Gedanken,
sie sind der Anfang deiner Taten.

* Geduld bewahren, selbst wenn es unmöglich
erscheint, das ist wahre Geduld.

* Und war er Tage nicht dein Freund,
war er wenigstens dein Lehrer.

* Ruhig bleibt, wer nicht glaubt, was er hört
und nicht sagt, was er weiß.

* Adler fliegen alleine, Schafe gehen in Herden.

* Die Arbeit läuft dir nicht davon, wenn du deinem Kind den Regenbogen zeigst. Aber der Regenbogen wartet nicht, bis du mit deiner Arbeit fertig bist.

* Es ist besser, eine Kerze anzuzünden,
als über die Dunkelheit zu schimpfen.

* Ich höre und vergesse, ich sehe und
erinnere mich, ich mache und verstehe.

* Ist eine Sache geschehen, dann
rede nicht darüber; es ist schwer,
verschüttetes Wasser wieder zu sammeln.

* Kein Weg ist länger, als der Weg
vom Kopf zum Herzen.

* Lehrer öffnen dir die Tür,
hineingehen musst du aber selbst.

* Leicht ist es, ein Reich zu regieren,
aber schwer eine Familie.

* Löse das Problem, nicht die Schuldfrage.

* Lerne nicht, um einiges zu verstehen,
lerne um die Welt zu verstehen.

* Lerne Schwimmen,
anstatt auf die Ebbe zu warten.

* Mit Feuer prüft man Gold,
mit Schwierigkeiten die Entschlossenheit.

* Sind die Alten nicht aufrichtig,
so lehren sie die Jungen, Schurken zu werden.

* Wenn der Vater nicht pflügen kann,
lernt der Sohn auch nicht säen.

* Talente ohne Tugend sind wie Sklaven ohne Herren: Sie können sich nicht gut benehmen und sind zu allem fähig.

* Wer ein Häkchen stiehlt, wird hingerichtet. Wer sich ein Land unter den Nagel reißt, wird Herzog.

* Wer fragt ist ein Narr für fünf Minuten.
Wer nicht fragt, bleibt ein Narr für immer.

* Schildkröten können dir mehr über
den Weg erzählen als Hasen.

* Obwohl sie nicht hundert Jahre alt werden,
bereiten sich die Menschen Sorgen
für tausend Jahre.

* Ein Geschäft eröffnen ist leicht,
schwerer ist es, es geöffnet zu halten.

* Fürchte dich nicht vor dem langsamen Vorwärtsgehen, aber fürchte dich vor dem stehen bleiben.

* Der Narr tut, was er nicht lassen kann;
der Weise lässt, was er nicht tun kann.

* Ein Dummkopf, der arbeitet, ist besser,
als ein Weiser, der schläft.

* Der Weise vergisst die Beleidigungen
wie ein Undankbarer die Wohltaten.

* Die Weisheit des Lebens besteht im
Ausschalten der unwesentlichen Dinge.

* Solange du dem anderen sein Anderssein
nicht verzeihen kannst, bis du noch
weit weg vom Weg der Weisheit.

* Wenn der Kampf um Macht und Vorteil seine
Blüten treibt, bleibt der rein,
der erst gar nicht damit in Berührung kommt.
Reiner aber ist der, der damit in Berührung
kommt, ohne sich anstecken zu lassen.

Wenn Listen, Strategien und Tricks gefragt sind,
so erscheint der als erhaben,
der sich damit nicht auskennt.
Erhabener ist aber der, der sie alle kennt,
ohne sie jedoch anzuwenden.
(CGT 1.4)

* Wer nur die Bewegung liebt, gleicht einem Blitz
in den Wolken oder einer Kerze im Wind.
Wer nur die Ruhe liebt, gleicht toter
Asche oder einem vertrockneten Baum.
*
Die beste Haltung des Geistes aber ist,
wenn man dem Adler gleicht, der durch
stehende Wolken kreist, oder dem Fisch,
der im ruhigen Wasser springt. (CGT 1.22)

Lao-tse
(chinesischer Philosoph 6. Jh. V.Chr.)

*Wahre Worte sind nicht schön,
schöne nicht wahr.

* In einem guten Wort ist genug
Wärme für drei Winter.

* Tue nichts, und alles ist getan.

* Gewalt zerbricht an sich selbst.

* Wer selbst nicht streitet,
mit dem kann keiner auf der Welt streiten.

* Genug zu haben ist Glück.
Mehr als genug zu haben ist Unglück.

* Gib einem Hungernden einen Fisch,
und er wird einmal satt, lehre ihn Fischen,
und er wird nie wieder hungern.

* Wer andere kennt, ist klug,
wer sich selbst kennt, ist weise.

* Andere zu beherrschen erfordert Kraft.
Sich selbst zu beherrschen fordert Stärke.

* Dies ist die Erkenntnis von der Natur der Dinge:
Das Weiche, Schwache wird das
Harte und Starke überdauern.

* Der Berufene häuft keinen Besitz auf.
Je mehr er für andere tut, desto mehr besitzt er.

* Der große Weg ist sehr einfach,
aber die Menschen lieben die Umwege.

* Kleine Taten, die man ausführt,
sind besser als große, die man plant.

* Ich habe drei Schätze, die ich hüte und hege.
Der eine ist die Liebe, der zweite ist die
Genügsamkeit, der dritte ist die Demut.

* Durch einen Glücksfall mag ein Mann eine
zeitlang regieren, aber durch Liebe
mag er sie auf immer beherrschen.

* Güte in den Worten erzeugt Vertrauen,
Güte im Denken erzeugt Tiefe,
Güte beim Verschenken erzeugt Liebe.

* Der Weise pflegt die Wurzel, denn wenn sie
gut gedeiht, wird Tugend aus ihr wachsen.

* Reich, geehrt und auch noch hochmütig sein,
das schafft sich selbst sein Unglück.

* Der Weise lebt still inmitten der Welt,
sein Herz ist ein offener Raum.

* Erst am Ende unseres Weges
stehen die Antworten.

* Handle, bevor die Dinge da sind.
Ordne sie, bevor die Verwirrung beginnt.

* Nichtstun ist die allerschwierigste
Beschäftigung und zugleich diejenige,
die am meisten Geist voraussetzt.

* Wer zufrieden ist,
kann nie zugrunde gerichtet werden.

* Wahre Worte sind nicht angenehm,
angenehme Worte sind nicht wahr.

* Nichtstun ist besser
als mit vieler Mühe nichts schaffen.

* Der Weise hält sich im Hintergrund,
doch in Wirklichkeit steht er vorn.

Konfuzius
(chinesischer Philosoph 551 – 479 v. Chr.)

* Wo alle verurteilen, da muss man prüfen,
wo alle loben auch.

* Wenn du dich erneuern willst, tu es jeden Tag.

* Das Rechte erkennen, aber nicht tun:
das ist Mangel an Mut.

* Bewältige ein Problem und du hältst
dir hundert andere fern.

* Wer nur zurückschaut, kann nicht sehen,
was auf ihn zukommt.

* Es nützt nichts, sich mit denen zu beraten,
die andere Wege gehen.

* Es ist besser, ein einziges kleines Licht
anzuzünden, als die Dunkelheit zu verfluchen.

* Was du liebst, lass frei. Kommt es zurück,
gehört es dir – für immer.

* Die Erfahrung ist wie eine Laterne im Rücken;
sie beleuchtet stets nur das Stück Weg,
das wir bereits hinter uns haben.

* Von Natur aus sind die Menschen fast gleich;
erst die Gewohnheiten entfernen sie voneinander.

* Der sittliche Mensch liebt seine Seele,
der gewöhnliche sein Eigentum.

* Glatte Worte und schmeichelnde Mienen vereinen sich selten mit einem anständigen Charakter.

* Der Mensch hat dreierlei Wege klug zu handeln:
durch Nachdenken ist der edelste,
durch Nachahmen der einfachste,
durch Erfahrung der bitterste.

* Ist man in kleinen Dingen nicht geduldig,
bringt man die großen Vorhaben zum scheitern.

* Wenn über das Grundsätzliche keine
Einigkeit besteht, ist es sinnlos,
miteinander Pläne zu machen.

* Wer ständig glücklich sein möchte,
muss sich oft verändern.

* Fordere viel von dir selbst und erwarte weniger von anderen. So wird dir Ärger erspart bleiben.

* Die Menschen stolpern nicht über Berge, sondern über Maulwurfshügel.

* Nur die Weisesten und die Dümmsten können sich nicht ändern.

* Der Anführer eines großen Heeres kann besiegt werden. Aber den festen Entschluss eines einzigen kannst du nicht wankend machen.

* Wer Geist hat, hat sicher auch das rechte Wort, aber wer Worte hat, hat darum noch nicht notwendig Geist.

* An einem edlen Pferd schätzt man nicht seine Kraft, sondern seinen Charakter.

* Lernen, ohne zu denken, ist eitel; denken ohne zu lernen, gefährlich.

* Begegnest du jemanden, der ein Gespräch wert ist, und du versäumst es, mit ihm zu reden, dann hast du einen Menschen verfehlt. Begegnest du jemanden, der kein Gespräch wert ist, und du redest mit ihm,

dann hast du deine Worte verfehlt.
Weise ist, wer stets den richtigen
Menschen und die richtigen Worte findet.

* Zweifle nicht an andere, wenn du selber etwas nicht kannst. Sei nicht hochmütig gegen andere, wenn du selbst etwas kannst.

* Was ist Weisheit? Die Menschen kennen.
Was ist Menschenwürde? Die Menschen lieben.

* Wenn die Sprache nicht stimmt, dann ist das, was gesagt wird, nicht das, was gemeint ist.

* Wer fragt, ist ein Narr für eine Minute.
Wer nicht fragt, ist ein Narr sein Leben lang.

* Ein Edler genießt nur dann Achtung, wenn er sich auch würdevoll verhält. Er darf nicht stur auf seiner Bildung beharren, Loyalität und Vertrauen sind ihm das Wichtigste. Er hat nur Freunde, die ihm auch würdig sind. Und hat er etwas falsch gemacht, so schreckt er nicht davor zurück, seine Fehler zu korrigieren.

Sakya Pandita
(tibet. Buddhist 1182 – 1251)

* Zeichen von Überlegenheit ist die Entfernung
von der Masse in allem Denken und Handeln.

* Lass deine Sinne nicht zum
Spielplatz deines Geistes werden.

* Kannst du nicht Sonne sein, sei ein Planet.

* Wenn du einen Freund, der dich geschadet hat,
überwinden möchtest, dann überwinde
zuerst deinen Zorn.

* Wenn ein alter Hund grinst,
dann möchte er beißen.

Chuang Zhu

* Mit einem Brunnenfrosch kann man nicht
über den Ozean sprechen.

LüBüWe
(deutscher Philosoph 300 – 235 v.Chr.)

* Der Edle handelt von sich aus.
Er achtet die anderen, obwohl er darum noch nicht notwendig von den anderen geachtet wird.
Er liebt die anderen, obwohl er darum noch nicht notwendig von den anderen geliebt wird.
Andere zu achten und zu lieben steht bei uns selbst. Von anderen geachtet und geliebt zu werden, steht bei den anderen.
Der Edle sorgt unter allen Umständen für das, was bei ihm steht, nicht für das, was bei anderen steht. Wer auf sich selbst beruht,
trifft immer das Rechte.

* Wenn man die Töne eines Landes hört,
so kennt man seine Bräuche, so kennt man seine Gesinnung. Schaut man seine Gesinnung,
so kennt man seine Art.

* Wer den Sinn erfasst hat, ist ruhig.
Wer ruhig ist, meidet das Wissen. Wer den Wert des Nichtwissens erkennt, mit dem kann man über den Weg des Fürsten reden.

* Weil man das Wissen eines Durchschnittsmenschen zwar nicht vermissen kann in dem, was er schon weiß, wohl aber vermissen kann in dem, was er noch nicht weiß, darum sind die Menschen leicht zu betrügen, unsicher zu machen, einzuschüchtern und zur Ausgelassenheit zu verführen.
Das ist ein Zeichen, dass die Erkenntnis
nicht auf festem Urteil beruht.

* Große Weisheit hat keine äußerliche Gestalt,
gut Ding will lange Weile haben,
starke Töne erklingen selten.

* Ein Weiser versteht es, die Menschen nach ihrer Menschlichkeit zu schätzen, ein Mittlerer schätzt sie nach ihren Taten und ein Untüchtiger schätzt sie nach ihren Geschenken.

Johann Gottlieb Fichte
(dt. Schriftsteller 1762 – 1814)

* Alle Kraft des Menschen wird erworben
durch Kampf mit sich selbst und
der Überwindung seiner selbst.

* Keine Begrenzung, kein Sehen;
kein Sehen, keine Begrenzung.
Eins ist ohne das andere nicht möglich.

Friedrich von Schiller
(dt. Dichter und Dramatiker 1759 – 1805)

* Wer gar zuviel bedenkt, wird wenig leisten.

* Lebe in deinem Jahrhundert,
  aber sei nicht sein Geschöpf.

* Große Seelen macht die Liebe größer.

* Ein tiefer Sinn wohnt in den alten Bräuchen.

* Stets ist die Sprache kecker als die Tat.

* Nur der Irrtum ist das Leben.
  Wissen ist der Tod.

* Der Zug des Herzens ist des Schicksals Stimme.

* Je näher dem Gipfel,
  desto schwerer ist der Fall.

* Die Elemente hassen das Gebild
  der Menschenhand.

* Leidenschaften misshandeln die Lebenskraft.

* Liebe kennt der allein, der ohne Hoffnung liebt.

* Einfachheit ist das Resultat der Reife.

* Leben heißt träumen; weise sein,
heißt angenehm träumen.

* Wer besitzt, der lerne verlieren,
wer im Glück ist, lerne Schmerz.

* Der Mensch ist frei geschaffen, ist frei,
und würd' er in Ketten geboren.

* Etwas muss er sein eigen nennen, oder der
Mensch wird morden und brennen.

* Es ist nichts als die Tätigkeit nach einem bestimmten Ziel, was das Leben erträglich macht.

* Strebe nach Ruhe, aber durch das Gleichgewicht, nicht durch den Stillstand der Tätigkeit.

* Die Welt ist vollkommen überall,
wo der Mensch nicht hinkommt in seiner Qual.

* Wissen sie mir einen ärmern Mann zwischen
Himmel und Erde als den Menschenfeind?

* Das ist's ja, was den Menschen zieret, und dazu
ward ihm der Verstand, dass er im inneren Herzen
spüret, was er erschafft mit seiner Hand.

* Es gibt keinen Zufall, und was uns blindes
Ohngefähr nur dünkt, gerade das steigt
aus den tiefsten Quellen.

* Dreifach ist der Schritt der Zeit:
zögernd kommt die Zukunft hergezogen,
pfeilschnell ist das Jetzt entflogen,
ewig still steht die Vergangenheit.

Thomas von Kempen
(holländischer Augustiner-Mönch und Prediger 1380 – 1471)

* Was der Zeit unterworfen ist, das gebrauche;
was ewig ist, danach strebe.

*Verlass alles, so findest du alles;
lass deine Begierde, so findest du Ruhe.

* Ich habe beschlossen:
Ich werde mich dem Bösen mutig widersetzen.
Aber schon die kleinste Versuchung treibt mich in
die Enge. Was anfangs unbedeutend erscheint,
wird schnell zur heimtückischen Falle.

* Zieh es vor, unbekannt zu bleiben.

* Versuchungen und Trübsal sind der Prüfstein,
der den ganzen Wert des Menschen entscheidet.

* Das Feuer prüft das Eisen,
und die Versuchung den Gerechten.

* Wer am besten zu leiden versteht,
der kann am besten Frieden haben.

* Dass uns Dinge begegnen, die uns lästig und durchaus zuwider sind, das ist für uns sehr gut. Denn sie treiben den Menschen, der aus seinem Innern geflohen ist, wieder in sein Herz zurück.

* Wer mit sich selbst in Frieden lebt,
denkt von niemanden Arges.

* Bewahre du zuerst Frieden in dir selbst,
dann kannst du auch anderen Frieden bringen.

* Ohne Arbeit gelangt man nicht zur Ruhe
und ohne Kampf nicht zum Ziel.

* Viele suchen in allem, was sie anfangen,
heimlich nur sich selbst, ohne es zu merken.

* Wenn das Leben mit dem Wissen in Einklang steht, dann hat man recht studiert.

* Lass deine Begierde, so findest du Ruhe.

* Wenn du darauf achtest, wie du bei dir im Innern bist, so wirst du nicht mehr sorgen, was die Leute über dich reden.

* Wer sich durch jede leise Eingebung seines Feindes ziehen und wie im Kreise umhertreiben lässt, der verrät, dass er eine kleine Seele und wenig Herz hat.

* Wir würden viel Frieden haben, wenn wir uns nicht soviel mit dem, was andere reden und tun, beschäftigen würden,
was uns doch gar nichts angeht.

* Zeit ist nur ein Bach, in dem ich angeln gehe.

* Willst du Frieden und Eintracht mit anderen bewahren, so bleibt dir kein Weg, als dich in tausend Dingen überwinden zu lernen.

* Die Fähigkeit, friedlich inmitten verstockter und verderbter Menschen zu leben,
ist eine Gnade und äußerst rühmenswert.

Thomas von Aquin
(ital. Theologe und Philosoph 1224 – 1274)

* Nichts ist im Verstand, was nicht
zuvor in der Wahrnehmung war.

* Je weniger er Ruhm suchte,
um so sicherer erreichte er ihn.

* Unmöglich kann ein naturhaftes
Begehren vergeblich sein.

* Niemand besitzt die wahre Freude
wenn er nicht in der Liebe ist.

* Für Wunder muss man beten,
für Veränderungen muss man arbeiten.

* Auf zweifacher Weise wird
die Gerechtigkeit verdorben:
Durch die falsche Klugheit der Weisen und
durch die Gewalt dessen, der die Macht hat.

* Gesundheit ist weniger ein Zustand als eine Haltung, und sie gedeiht mit der Freude am Leben.

* Zorn ist die Vorraussetzung für Mut.

* Unter allen Leidenschaften der Seele bringt die Traurigkeit am meisten Schaden für den Leib.

* Fünf Heilmittel gegen Schmerz und Traurigkeit:
Tränen – das Mitleid der Freunde –
der Wahrheit ins Auge sehen – schlafen – baden.

* Wo immer geistige Erkenntnis ist,
da ist auch freier Wille.

* Durch das Weinen fließt die Traurigkeit
aus der Seele heraus.

Luc de Clapiers Marquis de Vauvenargues

(frz. Schriftsteller und Philosoph 1715-1747)

* Es gibt Leute, die so ängstlich besorgt sind,
sie könnten etwas falsch machen, dass sie
nur selten überhaupt etwas zu tun wagen.

* Um große Dinge zu leisten, müssen wir leben,
als ob wir nie sterben würden.

* Wir haben weder die Kraft noch die
Gelegenheit, all das Gute und Böse zu tun,
was wir planen.

* Der Geist ist demselben Gesetz unterworfen wie der Körper: Beide können sich nur durch beständige Nahrung erhalten.

* Schwachköpfe begreifen Menschen von geistigem Format niemals.

* Auf den Rat vieler hin tut man selten etwas Rechtes.

* Beschränkte Menschen wechseln oft die Grundsätze.

* Ob arm oder reich, niemand ist gut oder glücklich, wenn ihn das Schicksal nicht auf den richtigen Platz gestellt hat.

* All zu großes Misstrauen ist ebenso schädlich wie allzu großes Vertrauen. Wer das Risiko hintergangen zu werden, nicht auf sich nehmen will, wird es im Leben nicht allzu weit bringen.

* Wer große Dinge wagt, riskiert unvermeidlich seinen Ruf.

* Wer betrügen muss, ist ungeschickt.

* Für höchstes Weh und tiefstes Weh sind Durchschnittsmenschen unzugänglich.

* Einsamkeit ist für den Geist, was die Diät für den Körper ist: tödlich, wenn sie zu lange dauert.

* Verzweiflung ist nicht nur der Gipfel unseres Unglücks, sondern auch unserer Schwäche.

* Gleichgültigkeit ist der Schlaf des Gemüts.

* Will man seinen Geist weder verschenken noch verbergen, setzt man gewöhnlich seinen guten Ruf aufs Spiel.

* Verstand und Gefühl beraten und ergänzen einander. Auf keines der beiden kann man verzichten, ohne sich der Gefahr auszusetzen, seinen Weg zu verlieren.

* Junge Leute leiden weniger unter eigenen Fehlern als unter der Weisheit der Alten.

* Alle Menschen werden aufrichtig geboren und sterben als Betrüger.

* Der Handel ist die Schule des Betrugs.

* Das Falsche, kunstvoll dargestellt,
überrascht und verblüfft, aber
das Wahre überzeugt und herrscht.

* Schnell arbeitender Verstand ist kein Vorteil,
wenn er nicht zugleich gründlich ist.
Die Vollkommenheit einer Uhr besteht
nicht darin, schnell, sondern richtig zu gehen.

* Große Menschen reden einfach wie die Natur.

* Gute Lehren haben wir genug,
aber wenig gute Lehrer.

* Die großen Gedanken kommen aus dem Herzen.

* Die Verzweiflung ist die größte
unserer Irrtümer.

Marcel Proust
(frz. Feuilletonist, Erzähler u. Romanautor 1871 – 1922)

* Nichts geschieht so wie wir es fürchten,
noch so, wie wir es hoffen.
Aber alles geschieht, so wie wir es wollen.

* Worüber wir nicht ernsthaft nachgedacht
haben, das vergessen wir bald.

* Das einzige, was noch schwieriger ist,
als ein geordnetes Leben zu führen:
es nicht anderen aufzwingen.

* Ich bedaure die Menschen,
die unheilbar gesund sind.

* Man lügt sein ganzes Leben lang,
auch und vor allem, vielleicht einzig sogar,
den Leuten gegenüber, die uns ihrerseits lieben.

* Der Geist kennt keine ausweglosen
Lebenssituationen.

* Wir alle müssen, um die Wirklichkeit
für uns erträglich zu machen,
ein paar kleine Torheiten in uns nähren.

Franz von Assisi
(ital. Heiliger, Stifter des Franziskanerordens 1182 – 1226)

* Tu erst das Notwendige, dann das Mögliche und plötzlich schaffst du das Unmögliche.

* Wo Liebe ist und Weisheit, da ist weder Furcht noch Ungewissheit; wo Geduld und Demut, weder Zorn noch Aufregung; wo Armut und Freude, nicht Habsucht und Geiz; wo Ruhe und Besinnung, nicht Zerstreuung noch Haltlosigkeit.

Voltaire
(frz. Schriftsteller, Philosoph und Historiker 1694 – 1778)

* Zufall ist ein Wort ohne Sinn – nichts kann ohne Ursache existieren.

* Um zu sprechen, muss man denken, wenigstens annäherungsweise.

* Da es sehr förderlich für die Gesundheit ist, habe ich beschlossen, glücklich zu sein.

* Ein langer Streit beweist, dass beide Seiten Unrecht haben.

* Ich mag verdammen, was du sagst,
aber ich werde mein Leben dafür geben,
dass du es sagen darfst.

* Nur wer in allem Maß hält und sich Bewegung macht, fühlt sich wohl. Die Kunst, ausschweifend zu leben und dabei gesund zu bleiben, existiert ebenso wenig wie der Stein der Weisen, die Sterndeuterei und die Theologie der Magier.

* Bedenkt, dass Fanatiker gefährlicher sind als Schurken. Einen Besessenen kann man niemals zur Vernunft bringen, einen Schurken wohl.

* Wer seine Wünsche noch zähmen kann,
ist reich genug.

* Lest, bildet euch! Allein die Lektüre entwickelt unseren Geist, das Gespräch verwirrt und das Spiel verengt ihn.

* Es ist klar, dass jeder, der einen Menschen, seinen Bruder, wegen dessen abweichender Meinung verfolgt, eine erbärmliche Kreatur ist.

Jules Verne
(frz. Naturwissenschaftler und Schriftsteller 1818 – 1905)

* Alles, was ein Mensch sich heute vorzustellen vermag, werden andere Menschen irgendwann verwirklichen können.

* Wer zum Hängen geboren wurde, stirbt nicht durch Ertrinken.

Perikles
(griech. Staatsmann 493 – 429 v.Chr.)

* Es kommt nicht darauf an, die Zukunft vorherzusagen, sondern auf die Zukunft vorbereitet zu sein.

Jean Paul
(dt. Dichter 1763 – 1825)

* Wer an das Gute im Menschen glaubt, bewirkt das Gute im Menschen.

* Man hört immer von Menschen, die vor lauter Liebe den Verstand verloren haben. Aber es gibt auch viele, die vor lauter Verstand die Liebe verloren haben.

* Um zur Wahrheit zu gelangen, muss man die Meinung seines Gegenübers zu verteidigen suchen.

Friedrich Nietzsche
(dt. Philosoph, Essayist, Lyriker und Schriftsteller
1844 – 1900)

* Gegen das Kleine stachlig zu sein,
ist eine Weisheit für Igel.

* Wer sich stets zu viel geschont hat,
der kränkelt zuletzt an seiner vielen Schonung.
Gelobt sei, was hart macht.

* Seit es Menschen gibt, hat sich der Mensch
zu wenig gefreut. Das allein, meine Brüder,
ist unsere Erbsünde.

* Phantasie der Angst: Die Phantasie der Angst ist
jener böse, äffische Kobold, der dem Menschen
gerade noch auf den Rücken springt,
wenn er schon am schwersten zu tragen hat.

* Wert eines Berufs: Ein Beruf macht gedankenlos; darin liegt sein größter Segen. Denn er ist eine Schutzwehr, hinter welcher man sich, wenn Bedenken und Sorgen allgemeiner Art einen anfallen, erlaubter Maßen zurückziehen kann.

* Nicht geeignet zum Parteimann:
Wer viel denkt, eignet sich nicht zum Parteimann;
er denkt sich bald durch die Parteien durch.

* Der Zorn als Spion:
Der Zorn schöpft die Seele aus und bringt
selbst den Bodensatz ans Licht.
Man muss deshalb, wenn man sonst sich nicht Klarheit zu schaffen weiß, seine Umgebung, seine Anhänger und Gegner in Zorn zu verstehen wissen, um zu erfahren, was im Grunde alles wider uns geschieht und gedacht wird.

Basil Zaharoff
(griech. Industrieller 1849 – 1936)

* Der Erfolg des Lebens besteht nicht darin, zu tun, was wir lieben, sondern zu lieben, was wir tun.

Pythagoras
(griech. Philosoph und Mathematiker 570 – 510 v.Chr.)

* Das Gestern ist fort ...
das Morgen noch nicht da ...
also lebe heute.

Johann Pestalozzi
(schweiz. Pädagoge und Schriftsteller 1746 – 1827)

* Wer etwas wert ist, den machen
Erfahrung und Unglück besser.

* Du wirst immer finden, dass wer viel in Not und Sorgen war, mehr ist, mehr kann und mehr wird, als die Mitmenschen ohne Sorgen.

* Wer kein Herz für die Wahrheit hat, dessen Kopf nimmt früher oder später der Teufel.

* Je höher die Rechthaberei in einem Menschen steigt, desto seltener hat er Recht, das heißt, desto seltener stimmen seine Aussagen und Behauptungen mit der Wahrheit überein.

* Die Welt ist voll brauchbarer Menschen,
aber leer an Leuten,
die den brauchbaren Mann anstellen.

* Man muss das Unglück mit Händen und Füßen und nicht mit dem Maul angreifen.

* Zu frühe Urteile sind Vorurteile, aus denen der Irrtum hervorsteigt wie der Nebel aus dem Meer.

* Früher oder später, aber gewiss immer, wird sich die Natur an allem Tun der Menschen rächen, das wider sie selbst ist.

* Die Anschauung ist das Fundament der Erkenntnis.

* Hundert Menschen schärfen ihre Säbel, Tausende ihre Messer, aber Zehntausende lassen ihren Verstand ungeschärft, weil sie ihn nicht üben.

* Kraftvolle Menschen lieben, was ihre Kraft anstrengt. Aber alle Schwächlinge lieben es nicht, solche Männer in ihrer Mitte zu haben.

Stefan Zweig
(Österr. Germanist, Essayist, Novellist, Lyriker und Erzähler 1881 – 1942)

* Niemand ist fort, den man liebt... Liebe ist ewige Gegenwart.

* Nur wer Helles und Dunkles, Aufstieg und Niedergang erfahren hat, nur der hat wahrhaftig gelebt.

* Entscheidend für eine Idee ist nie,
wie sie sich verwirklicht, sondern
was sie an Wirklichkeit enthält.

* Nur der ganz Zerstückte kennt die
Sehnsucht nach Vollendung.
Nur der Getriebene erreicht die Unendlichkeit.

* Wer selbstständig denkt, denkt zugleich am
besten und förderlichsten für alle.

* Es ist das Schicksal der Ungewöhnlichen,
immer wieder den Hass der Menschen zu erregen.

* Es ist vielleicht das einzige Stück Freiheit,
das man sein ganzen Leben ununterbrochen
besitzt: Die Freiheit, das Leben wegzuwerfen.

Otto von Bismarck
(preußischer Staatsmann, Fürst v. Berlin-Schönhausen,
Gründer und 1. Kanzler dt. Reiches, 1815 – 1898)

* Wir sind nicht auf der Welt,
um zu genießen und glücklich zu sein,
sondern um unsere Schuldigkeit zu tun.

* Der muss ein Esel sein, der mit sechzig Jahren noch die gleiche Meinung hat, wie mit dreißig.

* Es ist ein Vorteil des Altwerdens, dass man gegen Hass, Beleidigungen, Verleumdungen gleichgültig wird, während die Empfänglichkeit für Liebe und Wohlwollen stärker wird.

* Ich kann die Achtung aller Menschen entbehren, nur meine eigene nicht.

* Offenheit verdient immer Anerkennung.

Kurt Tucholsky
(deutscher Journalist u. Schriftsteller, 1880 – 1935)

* Der Vorteil der Klugheit besteht darin, dass man sich dumm stellen kann. Das Gegenteil ist schon schwieriger.

* Erfahrungen vererben sich nicht, jeder muss sie alleine machen.

* Das Ärgerliche am Ärger ist es, dass man sich schadet, ohne anderen zu nützen.

Unbekannte Autoren

* Da, wo deine Konzentration ist, da bist du,
wohin du sie lenkst, zu dem wirst du.

* Wissen ist Macht,
nichts wissen macht auch nichts.

* Ein bisschen Wissen ist eine gefährliche Sache.

* Drei Dinge machen den Meister:
Wissen, Können und Wollen.

* Der Wissende weiß und erkundigt sich,
aber der Unwissende weiß nicht einmal,
wonach er sich erkundigen soll. (aus Indien)

* Auf dem weg zum Wissen
begegnen uns viele Zweifel.

* Weisheit bedeutet, keine Angst und
keine Absicht haben.

Aristoteles
(griechischer Philosoph 384 – 322 v.Chr.)

* Habgier bedeutet, dass ein Mensch nach etwas trachtet, das er nicht besitzt. Neid hingegen bedeutet, dass er sich über das ärgert, was ein anderer besitzt.

* Mütter lieben ihre Kinder mehr als es Väter tun, weil sie sicher sein können, das es ihre sind.

* Was es doch alles gibt, was ich nicht brauche.

* Ich habe überhaupt keine Hoffnung mehr in die Zukunft unseres Landes, wenn einmal die Jugend die Männer von morgen stellt.
Unsere Jugend ist unerträglich, unverantwortlich und entsetzlich anzusehen.

* Wenn ein Mensch behauptet, mit Geld lasse sich alles erreichen, darf man sicher sein, dass er nie welches gehabt hat.

* Toleranz ist die allerletzte Tugend einer untergehenden Gesellschaft.

* Jedermann kann zornig werden, Das geschieht leicht. Aber der richtigen Person gegenüber zornig werden, im richtigen Maß, zur rechten Zeit, zum rechten Zweck und auf die richtige Weise – das liegt nicht in der Macht des Einzelnen.

* Was man lernen muss, um es zu tun, das lernt man, indem man es tut.

* Der Gebildete treibt die Genauigkeit nicht weiter, als es der Natur er Sache entspricht.

* Einen Fehler durch eine Lüge zu verdecken heißt, einen Flecken durch ein Loch zu ersetzen.

*Unser Charakter ergibt sich aus unserem Benehmen.

* Wer Sicherheit der Freiheit vorzieht, ist zu Recht ein Sklave.

* Der Beginn aller Wissenschaften ist das Erstaunen, dass die Dinge sind, wie sei sind.

* Größe ist nicht, Anerkennung zu erhalten, sondern sie zu verdienen.

* Das Denken für sich allein bewegt nichts, sondern nur das auf einen Zweck gerichtete und praktische Denken.

* Wer hohe Türme bauen will,
muss lange beim Fundament verweilen.

* Wie der Mensch in seiner Vollendung das edelste
aller Geschöpfe ist, so ist er, losgerissen von
Gesetz und Recht, das schlimmste von allen.

* Es gibt kein großes Genie
ohne einen Schuss Verrücktheit.

* Wo das Gute nicht lebt,
suche die Wahrheit nicht.

* Der großgesinnte Mensch wird überhaupt nicht
oder ungern einen anderen um etwas bitten,
dagegen gern selber Hilfe leisten.

* Freude ist die Gesundheit der Seele.

* Ohne Rechtschaffenheit ist es nicht leicht, in
äußerem Glück die Bescheidenheit zu wahren.

* Ich verstehe unter Geist die Kraft der Seele,
welche denkt und Vorstellungen bildet.

* Wer recht erkennen will, muss zuvor
in richtiger Weise gezweifelt haben.

Platon
(griechischer Philosoph ca. 427 – 347 v.Chr.)

* Sich selbst zu erkennen,
ist die erste aller Wissenschaften.

* Der Blick des Verstandes fängt an
scharf zu werden, wenn der Blick
der Augen an Schärfe verliert.

* Diejenigen, die zu klug sind, sich in der Politik
zu engagieren, werden dadurch bestraft,
dass sie von Leuten regiert werden,
die dümmer sind als sie selbst.

* Das beste, was man erhoffen kann zu
vollbringen, ist, den anderen an etwas
zu erinnern, was er bereits weiß.

* Lerne zuhören und du wirst auch von denjenigen
Nutzen ziehen, die dummes Zeug reden.

* Das Denken ist das Selbstgespräch der Seele.

* Der Beginn ist der wichtigste Teil der Arbeit.

* Ich kenne keinen sicheren Weg zum Erfolg,
aber einen sicheren Weg zum Misserfolg:
Es allen Recht machen zu wollen.

* Denken was wahr, und fühlen was schön,
und wollen was gut ist: darin erkennet der Geist
das Ziel des vernünftigen Lebens.

* Gute Menschen brauchen keine Gesetze,
um gezeigt zu bekommen, was sie nicht dürfen,
während böse Menschen einen Weg finden werden,
die Gesetze zu umgehen.

* Beim Spiel kann man einen Menschen
in einer Stunde besser kennen lernen
als im Gespräch in einem Jahr.

* Der Tugendhafte begnügt sich, von dem zu träumen, was der Böse im Leben verwirklicht.

* Wer in der Demokratie die Wahrheit sagt,
wird von der Masse getötet.

* Ob man in einen kleinen Bach fällt oder Mitten
ins große Meer – man schwimmt hier wie dort.

William McDougall
(engl.-amerik. Psychologe 1871 - 1938)

* Weisheit ist ebenso eine Angelegenheit des Herzens wie des Kopfes. Wenn sich auch die Grundlagen der Wissenschaft rasch erwerben lassen, so erwächst doch der Anteil des Herzens an der Weisheit nur aus vielen Erfahrungen in Freud und Leid, Hoffnung, Enttäuschung, Anstrengung, Erfolg und Misserfolg.

* Wer Weisheit mit Heiterkeit und Liebenswürdigkeit verbindet, hat die Höchste Stufe im Menschenleben erreicht.

*Mache dir einen Lebensplan und verfolge ihn konsequent; sei dabei unbeugbar in deinem Ziel, aber beweglich in den Mitteln.

* Es ist traurig zu beobachten, wie viele Misserfolge im Leben letzten Endes auf die unbedeutendsten Ursachen zurückzuführen sind und ohne besonderen Aufwand an Verstand und Willenskraft hätten vermieden werden können.

* Ein Unlustgefühl hemmt und schwächt das Streben. Das Lustgefühl steigert den Energieaufwand.

* Gegenseitiges Vertrauen ist wichtiger als gegenseitiges Verstehen. Wo das Verstehen nicht zum Ziele führt, möge das Vertrauen seinen Platz einnehmen.

* Selbstachtung ist etwas sehr Reales und Starkes, sie ist die Quelle von Strebungen, die mächtig unser Verhalten und unsere Anstrengungen unterstützen.

* Wir sollten nicht mehr über unvermeidlichen Leiden und Nöten brüten, sondern uns dazu erziehen, lieber bei den angenehmen Dingen zu verweilen.

* Menschen mit wenig Erfahrung können ein gesundes Urteil zeigen. Aber erst der Mensch, bei dem es mit einer reichen und vielfältigen Erfahrung verbunden ist, ist weise; besonders, wenn diese Erfahrungen das Ergebnis vieler Erfolge und Misserfolge sind.

* Intelligenz ist im engeren und eigentlichen Sinne die Funktion, aus den Erfahrungen die nötigen Lehren zu ziehen und unsere Handlungen den gegebenen Umständen anzupassen, und zwar auf Grund von Erfahrungen, die auch in ähnlicher Lebenslage gemacht wurden.

Fjodor Michailowitsch Dostojewski
(russischer Schriftsteller 1821-1881)

* Man kann vieles unbewusst wissen,
indem man es nur fühlt, aber nicht weiß.

* Der Verstand ist ein Schuft.
Dummheit dagegen ist offenherzig und ehrlich.

* Die gute Zeit fällt nicht vom Himmel,
sondern wir schaffen sie selbst, sie liegt in
unserem Herzen eingeschlossen.

* Jeder ist an allem Schuld. Wenn jeder das
wüsste, hätten wir das Paradies auf Erden.

* Wenn man einige Selbstachtung besitzt,
so gerät man unfehlbar in Streit und
setzt sich einigen Beleidigungen aus.

* Ich glaube, dass das Glück nur in der
heiteren Auffassung des Lebens und in der
Vortrefflichkeit des Herzens und
nicht in den äußeren Umständen liegt.

* Das lebendige Leben muss etwas unglaublich
Einfaches sein, und deshalb gehen wir
an ihm vorüber, ohne es zu erkennen.

* Die beste Beschreibung des Menschen ist meiner Ansicht nach: Der undankbare Zweifüßler.

* Die Menschen brauchen nicht Freiheit, sie brauchen Brot.

* Ehe du zu handeln beginnst, sei dein Geist frei von Zweifel.

* Nur durch Arbeit und Kampf ist Selbstständigkeit und das Gefühl der eigenen Würde zu erlangen.

* Nicht der Verstand ist die Hauptsache, sondern das, was ihn lenkt – die Natur, das Herz, die edlen Instinkte, die Entwicklung.

* Dadurch, das man einen anderen ins Irrenhaus sperrt, beweist man noch nicht seinen eigenen Versstand.

* In der heutigen Zeit hält man Zügellosigkeit für Freiheit.

* Wenn alles auf Erden vernünftig wäre, würde nichts geschehen.

* Es gibt Begegnungen mit Menschen, die uns vom ersten Augenblick ein Interesse abgewinnen, bevor wir noch ein Wort mit ihnen gesprochen haben.

* Der Mensch, der kein Kind sein durfte, wird ein schlechter Bürger sein.

* Um Vollkommenheit zu erreichen, muss man erst vieles nicht begriffen haben! Begreifen wir zu schnell, so begreifen wir wahrscheinlich nicht gründlich.

* Die Klage aber ist das Bedürfnis, die schmerzende Wunde immer wieder zu berühren.

* Leiden und Schmerzen sind immer die Voraussetzung umfassender Erkenntnis und eines tiefen Herzens. Mir scheint, wahrhaft große Menschen müssen auf Erden eine große Trauer empfinden.

Wladimir Korolenko
(russisch-ukrainischer Autor 1853 – 1921)

* Wenn es alle sagen, dann heißt das: Es ist wahr. Wäre es nicht wahr, würden nicht alle davon sprechen, sondern nur die Lügner darüber schwätzen.

* „Nun, und Sie, Herr Müller,
haben Sie jemals Kiew gesehen?"
„Nein, ich habe es nicht gesehen,
will es auch nicht leugnen."
„Und trotzdem gibt es Kiew,
auch wenn Sie es nicht gesehen haben."

* Junger Verstand und junges Herz sind wie junges Bier, das gärt vorschnell und sprudelnd.

Leo Tolstoi
(russischer Schriftsteller 1828 – 1910)

* Wir werden nicht geliebt, weil wir gut sind, sondern weil diejenigen, die uns lieben gut sind.

* Jeder Mensch hat die Keime aller menschlichen Eigenschaften in sich. Manchmal kommen die einen zu Vorschein, manchmal die anderen.

* Um einen Staat zu beurteilen, muss man seine Gefängnisse von innen ansehen.

* Wer lernen möchte, den Menschen die Wahrheit zu sagen, muss lernen, sie sich selbst zu sagen.

* Viele zerbrechen sich den Kopf darüber, wie man die Menschheit ändern könnte, aber kein Mensch denkt daran, sich selbst zu ändern.

Maxim Gorki
(russischer Schriftsteller 1868 – 1936)

* Wir alle hungern nach Menschenliebe, und wenn man hungert, schmeckt auch schlecht gebackenes Brot.

* Es gibt keine noch so schlechte Lage für den Menschen, die nicht durch eine noch schlimmere abgelöst werden könnte.

* Alle lieben, was ihnen nahe ist; einem großen Herzen ist aber auch die Ferne nahe.

* Die Wahrheit ist für den Menschen nicht immer die rechte Arznei.

* Alle Russen sind sonderbar.
Es ist nicht zu begreifen, was sie wollen –
eine Republik oder eine Sintflut.

* Nach manchem Gespräch mit einem Menschen
hat man das Verlangen, einen Hund zu streicheln,
einem Affen zuzuwinken oder vor
einem Elefanten den Hut zu ziehen.

* Angst ist für die Seele ebenso gesund
wie ein Bad für den Körper.

* Die wahre Liebe trifft wie der Blitz mitten
ins Herz, und sie ist stumm wie der Blitz.

* Gewöhnlich findet sich das Geld erst ein,
wenn das Gewissen zu verdörren beginnt.
Je mehr Geld, desto weniger Gewissen.

* Bisweilen macht es Freude, einen Menschen
dadurch in Erstaunen zu setzen, dass man
ihn nicht ähnelt und anders denkt als er.

* Man streitet ja meistens nicht
zu dem Zweck, die Wahrheit zu finden,
sondern um sie zu verbergen.

* Der Kapitalismus kann nicht „human" sein.
Alles Menschliche – außer dem Viehischen
im Menschen ist ihm fremd.

Anton Pawlowitsch Tschechow
(russischer Schriftsteller 1860 – 1904)

* Die Menge meint alles zu wissen und
alles zu begreifen, und je dümmer sie ist,
desto weiter erscheint ihr der Horizont.

* Ich glaube nicht an unsere Intelligenz, die
heuchlerisch, falsch, hysterisch, ungebildet und
faul ist, ich glaube ihr sogar dann nicht, wenn sie
leidet und klagt, denn ihre Unterdrücker kommen
doch aus ihrem eigenen Schoß. Ich glaube an den
einzelnen Menschen, ich sehe die Rettung in den
Einzelpersönlichkeiten – in ihnen liegt die Kraft.

* Arbeiten muss man,
alles andere - zum Teufel damit.

* Die Gier nach Macht und persönlichem
Erfolg lässt die Menschen nüchtern
und gleichgültig werden.

* Das Leben stimmt nicht mit der Philosophie überein: Es gibt kein Glück ohne Müßiggang und nur das Nutzlose bereitet Vergnügen.

* Er war zwar Rationalist aber hörte doch gerne die Glocken läuten.

* Wer die Einsamkeit fürchtet, sollte nicht heiraten.

* Fürchte den Bock von vorn, das Pferd von hinten und das Weib von allen Seiten.

* Vergiss nicht, dass es besser ist, Opfer zu sein als Henker.

* Das wahre und interessante Leben eines menschlichen Wesens spielt sich im Verborgenem wie unter dem Schleier der Nacht ab. Jede persönliche Existenz ist ein Geheimnis.

* Das Übel ist nicht, ein paar Feinde zu haben, sondern unseren Nächsten nicht genug zu lieben.

* Wenn du „vorwärts" rufst, stelle genau klar, in welche Richtung.

* Die Blattlaus vernichtet die Pflanze,
der Rost Metall und die Lüge die Seele.

* Der Staatsanwalt konnte sich des Gedankens
nicht erwehren, dass die Strafe oft viel mehr
Schaden bringt als das Verbrechen.

* Gleichgültigkeit ist eine Lähmung der Seele,
ein vorzeitiger Tod.

* Wo Fehler sind, da ist auch Erfolg.

* Eine Krise kann jeder Idiot haben.
Was uns zu schaffen macht, ist der Alltag.

* Eine Kleinigkeit, einverstanden, aber an solchen
Kleinigkeiten geht die Welt zugrunde.

* Wer es nicht mit Liebe schafft,
schafft es auch mit Strenge nicht.

* Unzufriedenheit mit sich selbst bildet
ein Grundelement jedes echten Talents.

Emile Zola
(französischer Schriftsteller 1840 - 1902)

* Arbeit! Das ist das einzige Gebot auf dieser Welt! Jeder soll seine Aufgabe erfassen; und diese soll sein Leben ausfüllen. Es kann eine ganz bescheidene Aufgabe sein, aber sie ist deswegen doch etwas Nützliches und Wertvolles. Es kommt nicht darauf an, worin sie besteht, wenn sie nur da ist und aufrechterhält. Wenn du sie ausführst, ohne das Maß dabei zu überschreiten, gerade so viel als du jeden Tag leisten kannst, dann wirst du gesund und froh leben.

* Nichts widersteht, Berge fallen und Meere weichen vor einer Persönlichkeit, die handelt.

* Der Gedanke ist eine Tat, und die fruchtbarste, die auf der Welt wirken kann.

* Die Menschen sollen Menschen bilden, in dem sie sie als Menschen behandeln.

* Die soziale Ungerechtigkeit sät den ewigen Hass und erntet das allgemeine Leiden.

* Wenn man nicht der Stärkere ist,
muss man der Klügere sein.

* Die einzige Wahrheit liegt in der Arbeit:
Die Welt wird eines Tages das sein,
wozu die Arbeit sie gemacht hat.

* Ehre hat keine Abstufungen.

* Wenn Geld den Tod vergiftet,
entspringt aus dem Tod nur Zorn.
Man schlägt sich über den Särgen.

Johann Jakob Wilhelm Heinse
(deutscher Schriftsteller 1746 – 1803)

* Wenn man immer für sich lebt, so gleicht man
den abgebrochenen Blumen und Früchten, die
man ins Wasser stellt. Das Leben ist das Wasser.

* Der wahre Mensch ist immer traurig;
seine Freuden sind Blitze in der Nacht.

* Der Mensch für sich allein, überhaupt jedes Wesen abgesondert, ist unglücklich.

* Alles Große besteht aus Kleinem.
Wer von dem Kleinen nicht Besitz nimmt,
kann das Große nie erwerben.

* Alles Leben hat keinen Stillstand und
das Schönste ist das Schnellste.

* Der Mensch weiß nicht recht, was er will.
Und wenn er einmal hat, was er gewollt hat,
so sieht er, dass es das nicht war,
und so geht all unser Bestreben ins Unendliche.

* Dass die Menschen immer mehr
sein wollen als sie sind, ist eine der
stärksten Quellen unseres Elends.

* Der beste Rat bleibt immer Stück- oder
Flickwerk; wer sich nicht selber raten kann,
dem ist nicht zu helfen.

* Wer lauter große Dinge sehen will,
muss sich zu einer Mücke wünschen.

Georg Christoph Lichtenberg
(dt. Naturwissenschaftler, Schriftsteller und Philosoph,
1742 – 1799)

* Die Menschen denken über die Vorfälle
des Lebens nicht so verschieden,
als sie darüber sprechen.

* Ich habe Leute gekannt, die haben heimlich
getrunken und sind öffentlich besoffen gewesen.

* Ob es besser wird, wenn es anders wird,
weiß ich nicht. Dass es besser werden muss,
wenn es anders werden soll, ist gewiss.

* Wir fressen einander nicht,
wir schlachten uns bloß.

* Es ist wahr, alle Menschen schieben auf,
und bereuen den Aufschub. Ich glaube aber,
auch der Tätigste findet soviel zu bereuen, als
der Faulste; denn wer mehr tut, sieht auch mehr
und deutlicher, was hätte getan werden können.

* Wer sagt, er hasse alle Art von Schmeicheleien,
und es im Ernst sagt, der hat gewiss noch nicht
alle Arten kennen gelernt, teils der Materie,
teils der Form nach.

* Es ist fast unmöglich, die Fackel der Wahrheit
durch ein Gedränge zu tragen,
ohne jemanden den Bart zu sengen.

* Sich in einen Ochsen zu verwandeln
ist noch kein Selbstmord.

* Man lehre die Menschen, wie sie denken sollen,
und nicht ewig hin, was sie denken sollen.

* Jeder Fehler scheint unglaublich dumm,
wenn andere ihn begehen.

* Die Neigung der Menschen,
kleine Dinge für wichtig zu halten,
hat sehr viel Großes hervorgebracht.

* Wo Mäßigung ein Fehler ist,
da ist Gleichgültigkeit ein Verbrechen.

* Der Mann hatte soviel Verstand, dass er fast zu
nichts mehr in der Welt zu gebrauchen war.

* Wer einen Engel sucht und nur auf die Flügel
schaut, könnte eine Gans nach Hause bringen.

* Wir irren alle, nur jeder irrt anders.

* Werke von großen Geistern sind ein Spiegel,
wenn ein Affe hineinguckt,
kann kein Apostel heraussehen.

* Zweifel muss nichts weiter sein
als Wachsamkeit,
sonst kann er gefährlich werden.

* Wie geht's, sagte ein Blinder zu einem Lahmen.
Wie Sie sehen, antwortete der Lahme.

* Es gibt heutzutage so viele Genies, dass man
recht froh sein soll, wenn einem einmal der
Himmel ein Kind beschert, das keines ist.

* Man kann den Hintern schminken wie man will –
ein ordentliches Gesicht wird nie daraus.

* Jeden Tag des Lebens,
den günstigen sowie den ungünstigen,
zum bestmöglichen zu machen,
darin besteht die Kunst des Lebens.

Fernando Pessoa
(portugiesischer Schriftsteller, 1888 – 1935)

* Unsere größte Angst als einen Zwischenfall ohne Bedeutung ansehen, nicht nur im Leben des Weltalls, sondern in dem unserer eigenen Seele, das ist der Anfang der Weisheit.
Sie mitten in der Angst so ansehen ist die vollkommene Weisheit.
In dem Augenblick, in dem wir leiden, scheint der menschliche Schmerz unendlich zu sein. Doch weder ist der menschliche Schmerz unendlich, noch ist unser Schmerz mehr wert als eben ein Schmerz, den wir ertragen müssen.

* Wolken ohne Schatten, auf der Südseite aber ist ein Stückchen Himmel, traurig blau.

* Zwischen Schlaf und Traum – zwischen mir und was in mir ist – und was ich vermute zu sein – fließt ein unendlicher Fluss.

* Letzten Endes bleibt von diesem Tag das, was vom gestrigen blieb und vom morgigen bleiben wird:
Die unersättliche Lust und nicht zählbare Begierde, immer derselbe und ein anderer zu sein.

* Stark sein bedeutet, fühlen können.

* Es kommandiert, wer nicht fühlt.

* Die Vorbedingung für die Praxis des Lebens ist die Triebkraft, die zum Handeln führt, das heißt der Wille.

* Der Träumer ist der eigentliche Tatmensch.

* Die einzige Tragödie ist unser Unvermögen, unser Selbst in seiner ganzen Tragik zu begreifen.

* Der Ursprung der Wissenschaft liegt im Wissen, dass wir nichts wissen.

* Der Überdruss ist nicht die Langeweile des Nichts-zu-tun-Habens, sondern die ärgere Krankheit, zu fühlen, dass es sich nicht lohnt, irgendetwas zu tun.

* Die Freiheit spürt nicht, wer nie unter Zwang gelebt hat.

* Das gesamte Leben der menschlichen Seele ist eine Bewegung im Schatten. Wir leben in einem Zwielicht des Bewusstseins, uns nie dessen sicher, was wir sind, oder dessen, was wir zu sein glauben.

* Wir leben nicht unser Leben,
unser Leben ist das, was uns lebt.

* Ich habe keine Begabung zum Chef,
auch nicht zum Gefolgsmann.

* Zwischen mir und dem Leben befanden
sich immer trübe Fensterscheiben.

* Allein vor der Wahrheit zu stehen,
ist für einen Menschen schmerzhaft.

* Es gibt keine Regeln. Alle Menschen sind
Ausnahmen der Regel, die es nicht gibt.

* Ich beneide alle Leute darum, nicht ich zu sein.

* Es gibt Momente, in denen uns alles ermüdet, sogar das, was zu unserer Erholung
beitragen sollte.

* Einen Mann der Tat erkennt man daran,
das er nie schlecht gelaunt ist.

* Das große Los des Lebens fällt nur denen zu,
die es auf gut Glück kaufen.

* Verachte alles, doch so,
dass Verachten dir nicht zum Nachteil gereicht.
Halte dich nicht für überlegen, weil du verachtest.
Darin liegt die Kunst der erhabenen Verachtung.

* Der Erfolg liegt im Erfolghaben, nicht darin,
dass man die Voraussetzungen dafür erfüllt.

* Da wir dem Leben keine Schönheit abzuringen
vermögen, sollten wir zumindest versuchen,
unserem Unvermögen Schönheit abzuringen

Johann Christian Friedrich Hölderlin
(dt. Theologe, Dramatiker und Lyriker, 1770-143)

* Hast du Verstand und Herz, so zeige nur
eins von beiden. Beides verdammen sie dir,
zeigst du beides zugleich.

* Denn der hat viel gewonnen, der das
Leben verstehen kann, ohne zu trauern.

* Wer nur mit ganzer Seele wirkt, irrt nie.
Er bedarf des Klüngels nicht,
denn keine Macht ist wider ihn.

* Vieles Gewaltige gibt's. Doch nichts ist gewaltiger, als der Mensch.

* Wer auf sein Elend tritt, steht höher.

* Da, wo die Nüchternheit dich verlässt, da ist die Grenze deiner Begeisterung.

* Was kümmert mich der Schiffbruch der Welt, ich weiß von nichts als meiner seligen Insel.

* Großer Schmerz und große Lust bildet den Menschen am besten.

Nikolay Gogol
(russisch-ukrainischer Schriftsteller, 1809-1852)

* Wem ein Talent gegeben ist, der muss besonders reinen Herzens sein. Den anderen wird vieles verziehen, ihm aber nichts.

* Bevor der Mensch zu einer Wahrheit gelangt, geht er auf so vielen Umwegen, verfängt sich in so vielen Widersprüchen, tut so viel Falsches, dass er sich nachher selbst über seinen Mangel an Scharfsinn wundert.

* Bewahret jede menschliche Regung auf euren Lebensweg und achtet behutsam auf die Schätze des Herzens, dass sie euch nicht unterwegs abhanden kommen, denn einmal verloren, findet ihr sie niemals wieder.
(„Die toten Seelen")

* Es war, als sagte ihm ein dunkler Instinkt, dass jedem Menschen eine Aufgabe in dieser Welt zugeteilt sei, die sich überall und in jedem Erdenwinkel erfüllen lasse, möge er dort, wo immer er hingestellt sei, auch noch so sehr durch schwierige Verhältnisse gehemmt und behindert sein.
(„ Die toten Seelen")

* Wie schnell kann sich doch alles im Menschen wandeln: Ehe man sich's versieht, ist in sein Inneres ein Wurm eingedrungen, der immer größer und größer wird und rücksichtslos alle Lebenssäfte aufsaugt. Und immer wieder ist es vorgekommen, dass bei einem Menschen, der zu ungewöhnlichen Taten geboren schien, durchaus nicht nur eine große Leidenschaft so übermächtig erstarkte, dass sie alle anderen Regungen erstickte, sondern oft schon ließ ihn irgendeine minderwertige Neigung seine heiligsten

Verpflichtungen vergessen und in armseligen Nichtigkeiten etwas Hohes und Anbetungswürdiges erblicken. Unzählig wie die Sandkörner am Meeresstrand sind die menschlichen Leidenschaften und nicht eine ist der anderen gleich, aber alle, die edlen wie die unwürdigen, sind zunächst dem Menschen untertan und werden erst später zu seinem grausamen Beherrscher.
(„Die toten Seelen")

Oscar Wilde
(irischer Schriftsteller, 1854 – 1900)

* Ich habe einen ganz einfachen Geschmack, ich bin immer nur mit dem Besten zufrieden.

* Wo Leid ist, da ist geweihte Erde. Eines Tages wird die Menschheit begreifen, was das heißt. Vorher weiß sie nichts vom Leben.

* Es gibt auf der Welt nur zwei Tragödien: Die eine ist, dass man nicht bekommt was man sich wünscht, und die zweite, dass man es bekommt.

* Die übelsten Werke sind stets mit den erhabensten Vorsätzen begonnen worden.

* Leute, die sich die Finger verbrennen, verstehen nichts vom Spiel mit dem Feuer.

* Viele Menschen sind zu gut erzogen, mit vollem Munde zu sprechen. Aber sie haben keine Bedenken, es mit leerem Kopf zu tun.

* Wer es dahin gebracht hat, dem eigenen Leben zuschauen zu können, ist dem Leiden des Lebens entronnen.

* Schicksalsschläge lassen sich ertragen, sie kommen von außen, sind zufällig.
Aber durch eigene Schuld leiden,
das ist der Stachel des Lebens.

* Ich verabscheue meine Verwandtschaft. Das kommt wahrscheinlich daher, dass unsereins es nicht ausstehen kann, wenn andere Leute dieselben Fehler haben wie wir.

* Die Zigarette ist das vollständige Urbild des Genusses: Sie ist köstlich und lässt uns unbefriedigt.

Sigmund Freud
(österreichischer Psychiater, 1856 – 1939)

* Die Gegenwart kann man nicht genießen ohne sie zu verstehen, und nicht verstehen, ohne die Vergangenheit zu kennen.

* Es gibt ebenso wenig hundertprozentige Wahrheit wie hundertprozentigen Alkohol.

* In dem Augenblick, in dem ein Mensch den Sinn und Wert des Lebens bezweifelt, ist er krank.

* Das Unbewusste ist viel moralischer als das Bewusste es wahrhaben will.

* Erwachsen ist man, wenn man das vereinbaren kann: lieben, arbeiten, genießen.

* Wir werden nicht scheitern. Anstatt der Durchfahrt, die wir suchen, dürften wir Meere auffinden.

* Unsere klaren Ideen sind Stufen; wie wir von der einen zur anderen gelangen, wissen wir nicht: etwas trägt uns; wir machen den Schritt nicht.

Das Große geschieht so leicht
wie das Wachsen des Getreides,
das Fließen der Luft,
ein Stern in der Nacht.

(Adalbert Stifter)

Wer nach außen schaut,
träumt.
Wer nach innen blickt,
erwacht.

(C.G. Jung)

Gedanken machen groß,
Gefühle reich.

(Quintilian)

Der ideale Tag ist heute,
wenn wir ihn dazu machen.

(Horaz)

Johanna Sameit

Geboren bin ich 1937 in der Nähe von Iserlohn, Westfalen.1939 siedelten wir um nach Stolp, Pommern und kamen 1948 über Umwege wieder zurück nach Quakenbrück, Niedersachsen, später wieder nach Iserlohn.
Nach Beendigung meiner Schul- und Lehrzeit ging ich nach Süddeutschland, zunächst nach Grenzach (1959), in der Nähe von Basel, und 1971 nach Ulm.
Als Industriekauffrau, Bilanzbuchhalterin und Fachkauffrau für Organisation beschäftige ich mich seit über 50 Jahren mit Organisationssystemen in unterschiedlichen Branchen und Firmengrößen, vor allem mit den Menschen in diesen Systemen.
Mein Autorenname ist mein Geburtsname, ich heiße jetzt Mahmutovic. E-Mail: johanna-sameit@t-online.de

Meine bisherigen Bücher:

Meine Welt bin ich
Stationen eines bewegten Lebens

ISBN 978-3-8311-4713-7, HC, 68 S., € 13,80 (2003)

In meinem ersten Buch erzähle ich die Geschichte meines Lebens. Es ist eine Reise durch Deutschland. Mein Motto: „Nie vor der Zeit unglücklich sein, sondern einfach den Weg gehen, der vor uns liegt". Ein Kind kann die Weltgeschichte nicht beeinflussen, aber sie beeinflusst das Leben des Kindes. Zunächst gut behütet, entsteht ein Chaos als Beginn eines langen Weges. Diesen Weg bin ich gegangen, mit der festen Überzeugung: Es gibt keinen Zufall, auch das scheinbar Zufälligste ist ein auf weitem Wege herangekommenes Notwendiges. So denke ich und lebe danach.

Mein Kopf ist wie ein Vogelnest
Gedanken und Gedichte

ISBN 978-3-8330-0588-6, HC, 64 S., € 13,80(2003)

Was ist mein wirkliches Leben? Die tägliche Arbeit, immer fit sein? Oder meine Träume und Sehnsüchte? Nur eine Harmonie zwischen diesen beiden Polen kann Lebensenergie aufbauen und Lebensfreude erzeugen. Meine Gedichte haben mir geholfen, mich vom täglichen Ballast zu befreien und den ewigen Kreislauf von Sonnenaufgang und Sonnenuntergang zu verstehen, nach dem Motto: „Der größte Fantast ist der beste Realist".

Chaos in Germany
Unterwegs in den alten und neuen Bundesländern

ISBN 978-3-9809780-0-2, PB, 104 S., € 9,90 (2004)

„Chaos in Germany" ist eine spannende und ereignisreiche Reise durch die Probleme unserer Gesellschaft nach der Wiedervereinigung. Es gewährt Einblicke in die Tagesgeschäfte von Politik und Wirtschaft mit dem Streben nach Macht und Profilierung.
Johanna Sameit schildert lebensnah und unkompliziert ihre persönlichen Beobachtungen und Erfahrungen während ihrer Tätigkeit als Bilanzbuchhalterin und Fachkauffrau für Organisation, vor allem während ihrer Beschäftigung in der Insolvenzverwaltung in den neuen Bundesländern in der Zeit von 1991 bis 2002.

Selbstständig und erfolgreich
Hilfe für die kaufmännische Verwaltung in Einzelunternehmen und Kleinbetrieben

ISBN978-3-9809780-3-3, PB, 148 S., € 15,30 (2007)

Bedarf an Informationen über die kaufmännische Grundverwaltung haben kleine Gewerbetreibende, freiberuflich tätige Personen und auch Privatpersonen. Mit den Ergänzungen von Tabellen und Grafiken und der übersichtlichen Beschreibung der Einnahmen-Überschussrechnung ist dieses Buch eine kompetente Hilfe für jeden Steuerpflichtigen.
Mit etwas Disziplin und Eigenverantwortung können ohne viel Aufwand die eigenen Unterlagen und Geschäftsdaten so verwaltet werden, dass ohne viel Mühe am Jahresende der Abschluss erstellt werden kann.
Ein Spezialist zu sein genügt nicht mehr. Nur mit konsequenter Selbstverwaltung behält jeder die notwendige Übersicht und kann dem harten Wettbewerb standhalten.

Coaching
Für Existenzgründer und Unternehmer

ISBN 978-3-8423-1913-4, PB,144 S., € 18,40 (2010)
(auch als e-book erhältlich)

Wie schaffen wir es, mit unseren Einzigartigkeiten und unseren Fähigkeiten im Dschungel des Lebens zurechtzukommen, nicht im Gestrüpp stecken zu bleiben, sondern gelassen und zufrieden zwischen den Baumkronen zu stehen und die Welt aus einer anderen Perspektive zu betrachten?
Coaching ist eine Möglichkeit für eine fachlich und sachlich kompetente Begleitung in beruflichen und persönlichen Lebensfragen. Das Buch bietet ein Grundcoaching in vielen wirtschaftlichen, organisatorischen, finanziellen und psychologischen Fragen.

Neuauflage 2013

Immer wieder schwarze Löcher
Wege zwischen Wunsch und Wirklichkeit

ISBN 978-3-8482-5991-5
PB, 112 S., € 11,80
(2013 – Erstauflage 2006)
(auch als e-book erhältlich)

Die Wege zwischen Wunsch und Wirklichkeit sind wie Straßen mit vielen Windungen und Kreuzungen in unserer Gefühlswelt.
Neid, Eifersucht, Enttäuschungen und falsche Vorstellungen von uns selbst, und unberechtigte Sorgen plagen uns ständig und versperren die klare Sicht für ein glückliches Leben.
Immer wieder werden wir Opfer unserer eigen Erwartungen und Vorstellungen. Starke Gefühle überrumpeln uns und stürzen uns in ein tiefes, schwarzes Loch. Nur mit Disziplin und gefühlvollem Umgang mit uns selbst und unseren Mitmenschen können wir ein glückliches Leben führen.
Patentrezepte gibt es nicht. Jeder muss seinen Weg finden. Dieses Buch soll aber zum Nachdenken anregen und behilflich sein bei der Ideenfindung auf dem Weg zur Selbstverwirklichung und zur Erreichung von Harmonie zwischen Geist, Gehirn und Psyche als Basis für ein erfülltes und zufriedenes Leben.

**NEUERSCHEINUNG
Januar 2014**

„Zahlungunfähig"
Pech oder Dummheit

ISBN 978-3-7322-5644-0
PB, 100S, € 11,50

E-Book € 7,99

Inhalt:

Warum sind manche Personen und Firmen erfolgreich während andere mit den gleichen Voraussetzungen scheitern?

Eine klare Antwort ist sicher nicht möglich, denn die Ursachen sind vielseitig und vielschichtig.
Bei Zahlungsunfähigkeit denken wir an Geld.
Wichtiger ist aber das Zusammenspiel der Menschen mit unterschiedlichen Basiseinstellungen in Bezug auf Geld, Erfolg und der Teilhabe am gesellschaftlichen und wirtschaftlichen Miteinander.
In dem Buch wird versucht, die verschiedenen Gesellschaftsgruppen mit ihren Charaktereigenschaften, Gefühlen und Emotionen zuzuordnen und Fehlverhalten, ob bewusst oder unbewusst, zu erklären.
Persönliche Schicksalsschläge und Naturgewalten sind in der Regel Pech – viele andere Gründe für die Zahlungsunfähigkeit können Dummheit und Gleichgültigkeit sein.

Nicht selten gehen Pech und Dummheit Hand in Hand mit uns durch das Leben.